AF452139

CALISTE

OU

LA BELLE PENITENTE

TRAGEDIE.

IMITE'E DE L'ANGLOIS.

Repréfentée pour la premiere fois fur le Théâtre de la Comédie Françoife, le Lundi 27 May 1750.

Quin morere ut merita es , ferroque averte dolorem.

Virg. Æneid. Lib. 4°.

Le prix eft de 30 fols.

A PARIS,

Chez CAILLEAU, rue S. Jacques au deſſus de la rue des Mathurins, à S. André.

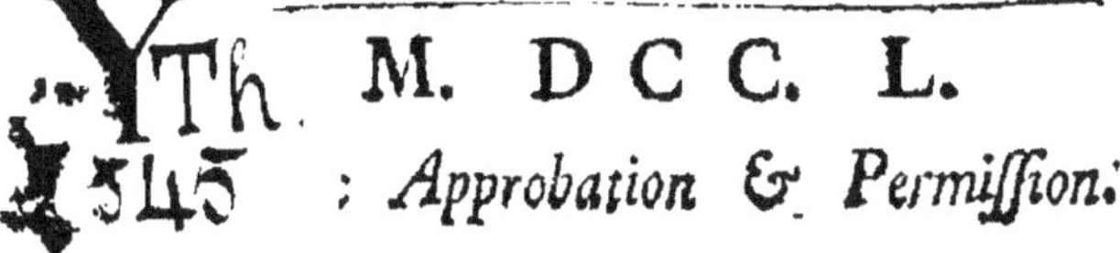

M. DCC. L.

: Approbation & Permiffion.

(2)

PREFACE.

CETTE Tragédie eſt la belle Penitente de M. Rouë, célébre Auteur Anglois, & l'un des plus exacts de ſa nation dans ſes plans & dans leur conduite. Si l'on a ſubſtitué le nom du principal perſonnage au titre, plûtôt triſte que moral, de M. Rouë, on ne l'a fait que pour ſe conformer à l'uſage général des Auteurs Dramatiques du Théâtre François.

La Critique a fait beaucoup de réflexions & porté beaucoup de jugemens ſur cette piéce. Les condamner avec hauteur, les rejetter avec mépris, ce ſeroit l'effet d'une préſomption plus imbécille que ſuper-

be. S'y foumettre aveuglement &
fans examen , ce feroit plûtôt foibleffe que docilité.

On a dit que ce fujet étoit fingu-
lier : quand cela feroit, s'enfuit - il
de cette fingularité qu'elle doit dé-
plaire. Tout ce qui fort de l'efpéce
d'uniformité de Spectacle de notre tragique , ne peut - il pas être
hazardé ? On dit hazardé , car le
Public fut prévenu à la premiere
repréfentation, que cette Piéce étoit
un effai , & tout effai n'eft-il pas incertain !

La Piéce , a-t-on dit encore, n'eft
pas dans nos mœurs. Si elle eft dans
la nature , fi l'on y reconnoît la marche du cœur dans fes principales
affections , l'amour , l'amitié , la
vertu , on ne fcauroit du moins
difconvenir qu'elle n'eft pas con-
traire à nos mœurs , puifque ces
affections en compofent le fond , ainfi
que des mœurs de toutes les Nations
policées.

On ne répond pas à ces objections pour faire revenir des juges décisifs par vanité, faux par habitude & opiniâtres par ignorance. Ce n'est point à eux que l'on accorde le titre de critiques, aussi glorieux à remplir que difficile à mériter. L'unique objet de cette discussion, est de faire voir, que le silence que s'impose la la sagesse, n'est pas le silence de la nécessité.

L'objection la plus forte qui ait été faite, est celle qui a attaqué la catastrophe. Le Tragique qui n'est appuyé que sur un événement de cette espéce a paru trop peu fondé pour réussir en France. On a répondu que la Scene étoit en Italie; D'accord, a-t-on dit, mais la Piéce est jouée à Paris. Qui peut ignorer que dans cette ville l'amour sçait dissimuler les fautes qu'il ordonne, & que leur grace est toujours dans leur principe? Plaire, séduire & oublier n'est-ce pas le caractere des amuse-

mens du François , & l'amour ne
fut-il pas toujours celui de son loi-
sir. Quelle vertu ! Quels sacrifices !
Quelles victimes ! Comment a-t-on
pû présumer que ce cela plairoit à
Paris ?

Si l'on suppose cette objection
sans replique , il faudra donc mon-
ter toutes les passions à l'unisson des
passions françoises. La conséquence
tient immédiatement au principe ;
que le Public examine & prononce.

Voilà ce que l'Auteur Anglois
pourroit dire , & diroit certainement
pour sa défense. Un François doit
trouver ces moyens trop foibles &
se soumettre au jugement qui les
condamne. Il faut en convenir ; dif-
cuter ainsi la conduite des Piéces ,
c'est éclairer les Auteurs & conspirer avec eux à la découverte du
beau.

M. Roue a représenté Califte
prête à être sacrifiée à l'austérité
d'une vertu rigoureuse. Qu'a-t-elle

fait ? Elle a eu une inclination avant fon mariage, qu'elle a combattue avec fermeté depuis qu'elle eft mariée. On découvre alors cette inclination, & l'on veut lui donner la mort. Cela la mérite-t-il ? Non certainement, & cet aveu eft un hommage que l'on rend avec plaifir à la vérité. Il falloit rendre Califte coupable, fans la rendre odieufe, & dans cette vue lui faire commettre quelque crime qui put être rejetté fur celui qui l'auroit infpiré. C'eft en effet ce que l'on a taché de faire à l'impreffion, & tout ce qui a été repris avec cette juftefie de difcernement a été corrigé avec la même attention.

Cette Critique qui ne cenfure, que pour perfectionner, qui ne découvre les défauts, qu'en indiquant les beautés qu'on peut leur fubftituer, qui ne reclame que la vérité qui s'étend à tout, & qui appartient également à tous les hommes, cette Critique le flambeau de tout ce qu'elle éclaire , n'eſt - elle pas un des plus ſurs guides de la perfection ? Il eſt facile de la reconnoître ; elle a des traits qui la caractériſent. La profondeur de ſes jugemens eſt toujours accompagnée de réſerve , de douceur & de modeſtie. Jalouſe de l'eſtime des hommes , elle l'eſt encore plus de leur amour. Le cauſtique de l'épigramme , la malignité de l'ironie , les emportemens de la déclamation , tous ces vils attributs de la Satire , que l'on ne confond que trop ſouvent avec elle , lui ſont abſolument étrangers. Le Critique que l'on peint , & ce portrait eſt tiré d'après plus d'un modele connu à la Ville & à la Cour , éclaire ſans offuſquer , reprend ſans aigrir , inſtruit ſans humilier. N'eſt - ce pas la l'homme des Sciences , ou plûtôt le véritable ſçavant de l'humanité ?

Il ne reſte plus qu'à prévenir ſur

les différences qu'on trouvera entre la Piéce Angloise & la Piéce Françoise. On verra par leur comparaison qu'il a fallu changer l'esprit de plusieurs rolles principaux. On s'est trouvé dans la même nécessité par rapport à l'ordonnance du Roman, qui sans cela n'auroit pas été praticable sur notre Théâtre. L'exemple du Grand Shakespeare a consacré presque tous ses défauts dans sa nation. Le préjugé en a fait des beautés, & l'esclavage du préjugé a obligé tous les Auteurs Anglois qui l'ont suivi à l'imiter, sans doute avec regret, mais par nécessité.

La Scène vuide très-souvent, des combats presque dans tous les Actes, un défaut continuel d'unité de lieu, un mélange monstrueux de comique foible, bas ou ridicule, qui coupe le patétique des situations les plus intéressantes ; voilà autant de défauts dans lesquels est tombé M. Rouë, & il a fallu les éviter ; on ne dit

pas cela pour lui difputer le mérite
de l'invention, mais feulement pour
faire fentir la différence de ces deux
Tragédies.

Le Public, toujours attentif à fes
amufemens, n'a pas ignoré que la
repréfentation de cette Piéce a ren-
contré des difficultés qu'il a fallu
furmonter. Il a vu avec trop de plaifir les démarches que les Comédiens
ont faites pour l'obtenir, pour qu'on
craigne de lui en rappeller le fouvenir. Tous fe font conduits, dans
cette circonftance, comme le plus
honnête homme du monde qui auroit été l'ami le plus zélé de l'Auteur, & aucun d'eux ne le connoif-
foit. Ils avoient à leur tête cette
Actrice fi chere au Public dans le
haut Comique, fi intéreffante dans
les Rolles de candeur & d'ingénui-
té, que beaucoup de connoiffeurs
prononcent qu'elle y eft unique, fi
touchante dans le Tragique de fon
talent, que l'Auteur de Zaïre a cru

devoir immortalifer fon nom , par l'Epître qu'il lui a adreffée à la tête de cette Piéce. On peut la louer après un auffi grand peintre , il n'eft pas permis de toucher à fon portrait après lui. Il fuffit de dire que le Public a jugé qu'il n'étoit pas poffible de jouer le Rolle de Califte , avec une voix , une déclamation & une figure plus intéreffante.

On ne parle point ici de la premiere repréfentation dont le Spectacle fut manqué par l'affluence des fpectateurs. Bien moins de la feconde, où un parti caché jufqu'alors fe conduifit avec trop peu de ménagement pour n'être pas reconnu. Si les Auteurs * qui font en poffeffion de faire la gloire & les délices de la Scene françoife, font obligés de fe plaindre de ces confpira-

* M. de Voltaire , Tragédie d'Orefte : note de la page 99.

M. Deftouches , Préface de la Force du Naturel.

tions Littéraires, cela n'étonne que ceux qui ne connoiſſent pas le cœur. La ſupériorité de leurs talens doit naturellement révolter la baſſeſſe de la jalouſie. Il ſemble que ceux qui débutent en tremblant, ſous les voiles de l'Anonime, ne devroient pas être expoſés à la noirceur de ces traits.

CALISTE

CALISTE,
TRAGÉDIE.

NOMS DES PERSONNAGES
& des Acteurs.

SCIOLTO, Doge de Gênes.
M. Sarrafin.

CALISTE, fille de Sciolto.
Mlle Gauffin.

ALTAMONT, noble Genois.
M. De la Noue.

HORATIO, ami d'Altamont.
M. Dubois

LOTARIO, noble Genois.
M. Rozely.

ORSANO, ami de Lotario.
M. Du Breuil.

LAVINIE, épouse d'Horatio.
Mlle Gautier.

LUCILE, Suivante de Califte.
Mlle Lavoy.

SUITE de Sciolto.

*La Scene à Gênes dans le Palais
de Sciolto.*

CALISTE,
TRAGÉDIE.

ACTE I.

SCENE PREMIERE.

ALTAMONT, HORATIO.

ALTAMONT.

QUE tout reſſente ici mon bonheur
    & ma gloire ;
Que ce jour à jamais marqué par
    la victoire
Pour Gênes ſoit un jour de triomphes fameux,
Qu'il devienne le jour de l'univers heureux ;
Caliſte à mon amour par ſon pere accordée
A mon ſort en ce jour unit ſa deſtinée.

H O R A T I O.

La faveur du deftin furpaffe fon couroux ,
Seigneur; vos premiers ans gémirent fous fes coups;
Je vous vis déteftant l'aftre qui nous éclaire
Envier le trépas de votre augufte pere ;
Le cœur de Sciolto reffentit vos malheurs ,
Ses généreufes mains effuyerent vos pleurs :
De la fortune enfin pour réparer l'outrage
En vous donnant fa fille , il finit fon ouvrage
Et du grand Altamont qui vous donna le jour ,
Il vous fait partager la gloire à votre tour.
    De quelle tache, ô ciel , j'ai vu Genes flétrie !
Le foutien , le héros , l'ame de fa patrie ,
Grand fans ambition , vertueux fans orgueil
Par ceux qu'il défendit vit creufer fon cercueil.
Qui choifit-on encor pour ces grands facrifices !
L'égal des Scipions , l'émule des Fabrices.
Après avoir long-tems fans fuccès combattu ,
Altamont perdit tout , excepté fa vertu ;
Ses ingrats citoyens couronnerent l'envie ,
Comme un vil criminel il termina fa vie.
Si-tôt qu'il ne fut plus , on vit ces factieux
Ranimer contre vous leurs complots odieux ;
Lotario , fur vous qui forma la tempête ,
Votre ennemi mortel paroiffant à leur téte
Pourfuivoit ce heros jufques après fa mort.

ALTAMONT.

Les yeux de Sciolto s'ouvrirent sur mon sort ;
Il me tendit lui seul une main secourable.
O genereux appui d'un destin déplorable,
Mes jours sont à toi seul, je ne vis que pour toi,
Et j'en fais mon bonheur quand tu m'en fais la loi.

HORATIO.

Sciolto d'Altamont fut l'ami le plus tendre ;
Tout ce qu'il fit pour vous n'a point dû vous sur-
    prendre.
Mais moi qui n'eus jamais aucun droit sur son cœur
Que par le titre heureux d'époux de votre sœur,
Je retrouvai dans lui la tendresse d'un pere,
Sciolto pour tous deux fut un Dieu tutelaire.

ALTAMONT.

Il nous enseigne l'art d'exercer les bienfaits,
Les prodigue, & lui seul ne s'en souvient jamais.

HORATIO.

Les cœurs nés généreux dans tout se font con-
    noître ;
Nobles par sentiment, grands seulement pour l'être,
Dans l'effort des vertus, il leur en coute moins
A faire des heureux, qu'à souffrir des témoins.

ALTAMONT.

Sciolto me rendit & mon rang & la vie,
Et toujours ses bontés ont passé mon envie;

Tout ce que l'univers offre de plus parfait ;
Sa fille est son dernier & son plus beau bienfait.
Cher ami qu'il m'est doux dans mon bonheur
    extrême
De tenir tout de lui ; mais hélas... c'est lui-
    même.

SCENE II.

SCIOLTO, ALTAMONT, HORATIO.

SCIOLTO.

C'Est toi, cher Altamont, qui m'offres la
    douceur
Que le ciel refusa si long-tems à mon cœur ;
Ce nom de fils, ce nom si cher à ma vieillesse,
Viens, à te le donner tout mon bonheur s'empresse.
Ta jeunesse, ton sang, tes exploits, ton malheur
D'un tendre pere & moi t'ont fait trouver le cœur ;
Tu fus dès le berçeau l'espoir de ma famille,
Et Sciolto t'aima comme sa propre fille.
Sa beauté des vertus devient enfin le prix,
Je lui dois la douceur de te nommer mon fils.
Viens, que je puisse enfin voir dans cette journée
Altamont & Caliste unis par l'Hymenée :

Epargne à tous les trois des délais superflus ;
Ma fortune est à toi , je ne t'en parle plus.
Aux talens , aux vertus en offrir le partage
N'est-ce pas des trésors le plus bel avantage.

ALTAMONT.

Pour m'engager plûtôt dans ces liens heureux
Que ne peut point l'amour qui soupire après eux !
Comment le noir chagrin dont l'horreur me
    dévore
Si près de les former peut-il durer encore ?

SCIOLTO.

Qu'entend-je ?

ALTAMONT.

Quai-je dit . . .

SCIOLTO.

        Parlez , expliquez-vous.

ALTAMONT.

Les soupçons sont ils faits pour des instans si doux ?
Mais quand vous m'ordonnez de rompre le silence
Mon respect ne vous doit que de l'obéissance.

  Cette nuit au milieu des jeux & des amours
Tous les cœurs plus heureux que dans les plus
    beaux jours
A l'envi prenoient part à mon bonheur extrême ;
On me croyoit heureux , je le croyois moi-même ;
Caliste jusqu'alors insensible pour moi

CALISTE,

Par votre ordre, Seigneur, m'avoit donné sa foi,
Du sort de son époux je lui peignois les charmes ;
Elle ne mécoutoit qu'en répandant des larmes.
J'ai vu son teint flétri par la sombre paleur ;
Du plus sensible amant excusés la douleur.
J'ai voulu pénetrer les secrets de son ame,
Ma tendresse l'irrite, & son couroux s'enflâme.
Ses larmes, ses transports, ses mépris, sa hauteur
Ont fait à mon amour succéder la douleur.
Tu cherches mes secrets : mon pere, me dit-elle ;
Peut te donner ma main par une loi cruelle,
Mais ce cœur qu'en ce jour on veut qui soit à toi ;
Ce cœur indépendant est tout entier à moi.

SCIOLTO.

Je t'en croirai, mon fils, quand guidé par la gloire
Il faudra dans ses champs enchaîner la victoire ;
Mais le grand art de vaincre où tu sçus te former,
Tu me le fais bien voir, ce n'est pas l'art d'aimer.

Ce sexe sur nos cœurs qui veut regner en maitre,
Ce sexe plus charmant, s'il faisoit moins pour
      l'être
Couvre tous ses desseins d'une profonde nuit ;
Pour séduire un amant soi-même il se séduit ;
Il invente, il soutient les plus grands artifices,
De son propre bonheur se fait des sacrifices ;
Mais lorsqu'il nous paroît immoler ses desirs

Tout en lui, comme en nous, respire ses plaisirs.
De ses premiers transports la pudeur est le guide ;
Plus un amant le charme & plus il est timide.
Va, fait pour être aimé, tu sçauras à ton tour
Que le cœur de Caliste est formé pour l'amour.
Je la vois : laisse-nous.

SCENE III.

SCIOLTO, CALISTE, LUCILE.

CALISTE, *n'appercevant pas Sciolto.*

OUi, Lucile, j'espere
Que touché de mes pleurs... Qu'ai-je vû... C'est
mon pere.

SCIOLTO.

Ma fille, enfin le Ciel va combler tous mes vœux,
Et jamais il ne fut un pere plus heureux :
Au retour du Sénat commençons cette Fête,
Que ton Hymen annonce, & que l'Amour aprête ;
C'est aux yeux étrangers celle de la grandeur ;
Mais ce jour pour Caliste, est le jour de son cœur.
Tu ne me répons point...

CALISTE *à part.*

Cachons lui ma foiblesse ;

Altamont de ma main a reçu la promeffe :
Vous l'avez fouhaité , j'ai pû vous obéir...

SCIOLTO.

Te faire un fort heureux eft mon premier defir.
Dans l'Hymen , d'Altamont , reconnois ma ten-
   dreffe ,
Il unit tout , talens , gloire , vertus , jeuneffe,
Non , il n'eft point d'amant plus digne de ta main:
Tout en lui te répond du plus heureux deftin.

CALISTE.

Je connois ce Héros , avec vous je l'admire ;
Mais à vos volontés avant que de foufcrire ,
Souffrez Seigneur...

SCIOLTO.

   Ton cœur s'allarme fans fujet ;
De ces retardemens quel peut être l'objet ?

CALISTE.

L'Hymen fait par l'Amour eft toujours une chaîne.
Vous fçavez après lui tous les maux qu'il entraîne,
Son fort eft incertain , & s'il fait des heureux ;
Naiffent auffi de lui mille retours affreux...

SCIOLTO.

C'eft aux infortunés , que réunit le crime ,
A craindre les malheurs dont tu te peins l'abîme;
Mais les nœuds qu'ont formés les Vertus & l'A-
   mour ,

De jours purs & fereins font fuivis fans retour.
Je rens graces au Ciel, dont la bonté propice
Te fit un cœur exempt de feinte & d'artifice.
Ta frayeur, tes foupçons, cet aimable embarras,
En formant un lien que tu ne connois pas,
Tout remplit mes defirs, tout préfente à ma vûe
Des timides vertus la pudeur ingénue.
Altamont méritoit un cœur tel que le tien ;
Il fera ton bonheur, & tu feras le mien.

CALISTE.

Ne pourrai-je obtenir... qu'un pere me pardonne.

SCIOLTO.

Votre Hymen eft conclu, je le veux, je l'ordonne,
Ma parole eft donnée ; enfin, ç'en eft affez ;
Vous-même avez promis, ma fille, obéiffez.

On m'attend au Sénat, & déja l'on s'affemble,
Que la vertu refpire, & que le crime tremble.
On dit qu'on va punir des complots faĉieux,
Puiffent enfin leurs Chefs expirer à nos yeux :
Qui trahit fa patrie eft indigne de grace.

SCENE IV.

CALISTE, LUCILE.

CALISTE.

ET c'eſt Lotario que cet arrêt ménace.
Ciel ! quel eſt donc le ſort que j'éprouve au-
jourd'hui ?
Il faut en le perdant que je tremble pour lui.
Un Juge rigoureux, un inflexible pere,
En condamnant ſes jours va combler ma miſere.
Trop cher Lotario ! ton amante t'attend :
Que fais-tu ? c'eſt de toi que mon deſtin dépend.
Lucile, cette lettre où, par des traits de flâme,
Je peignois en tremblant les troubles de mon ame,
Toi-même l'as rendue, & je n'en puis douter...
Il t'avoit aſſuré... qui peut donc l'arrêter ?
Tu le vois, la pitié dans ſon cœur eſt éteinte ;
Mon pere eſt au Sénat, il peut venir ſans crainte ;
Cet inſtant eſt le ſeul où je puiſſe le voir,
Je trahis tout pour lui, mon ſang & mon devoir ;
D'un aveugle penchant, telle eſt la loi ſuprême...
Il vient... aurois-je hélas offenſé ce que j'aime !

SCENE V.

CALISTE, LUCILE, LOTARIO, ORSANO.

LOTARIO, *dans le fond du Théâtre.*

Puis-je encor la tromper?

CALISTE.

On m'attend aux Autels;
On veut nous séparer par des nœuds éternels,
Il faut qu'à vous aimer à jamais je renonce,
Et cet arrêt terrible, un pere le prononce.
L'heure approche, Seigneur, il va s'exécuter;
C'est par vous seul, enfin, que je puis l'éviter.

LOTARIO.

Eh! qui peut, exerçant un empire suprême,
Malgré vous, & sans vous, disposer de vous-même:
L'Amour est libre, à feindre il peut être réduit,
Mais jusques dans les fers la liberté le suit.
Un pere menaçant vous allarme sans cesse,
Il n'est fort contre vous, que de votre foiblesse;
A l'Hymen qu'il ordonne osez vous opposer,
Et du reste sur moi daignez vous reposer.
De votre pere un jour peut-être la prudence
Sentira mieux le prix de votre résistance.

'Après plus de dix ans de trouble & de combats ;
Nous partageons la ville, il ne l'ignore pas ;
Quelque soit le motif & l'art qui l'entretienne,
Ma faction encore est égale à la sienne,
A s'unir avec moi tout devroit le porter ;
Mais ainsi qu'Altamont je ne sçais point flatter,
Et c'est-là contre moi la source de sa haine.
Cruelle ! falloit-il lui promettre une chaîne...

CALISTE.

Un refus trop constant auroit fait soupçonner ;
Je n'ai promis ma foi que pour vous la donner.
Quel reproche ! ah, sentez son injustice extrême !
Je n'ai feint d'être à lui que pour être à moi-même.
Sans vous persuader, le dirai-je, toujours ?
Il y va de ma gloire, il y va de mes jours :
Après tant de délais que votre cœur décide,
Etes-vous mon époux, n'êtes-vous qu'un perfide !

LOTARIO.

Vous seule en ce danger pouvez vous secourir.

CALISTE.

J'ai donc perdu l'espoir, rien ne peut te fléchir.
Eh quoi, par tes sermens à la vertu ravie,
Tu ne veux me donner ni la mort ni la vie !

Rappelle-toi du moins ce que j'ai fait pour toi ;
Né d'un sang ennemi conjuré contre moi

J'aurois dû te haïr, ton mépris me l'ordonne ;
Je te vois, je t'entens, mon orgueil m'abandonne.
Le nom de ton épouse à mes vœux fut promis,
Il me couta bien cher, toi feule en fçais le prix.
Pourquoi de jour en jour différes-tu fans cefle ?
Demain tu ne pourras accomplir ta promefle.
De Sciolto fur moi tu fçais l'autorité,
Tu connois fa rigueur & fon aufterité,
Dans Genes de mon fort, il eft l'unique arbitre ;
T'aimer, c'eft fur fon cœur n'avoir plus aucun titre.
 Faut-il donc à tes yeux retracer les forfaits
Dont il doit tôt ou tard pénétrer les fecrets ?
Que ne peut point l'amour ! coupable involon-
  taire,
J'ai pu trahir pour toi le parti de mon pere.
Combien de Senateurs l'ont quitté pour le tien ;
Je les égarai feule, & leur crime eft le mien.
Mes remords à tes yeux paroiffoient dans mes lar-
  mes,
Tu parlois, & pour toi mon crime avoit des char-
  mes ;
Toi feul me l'ordonnas, donne m'en donc le fruit,
Accomplis tes fermens, ton époufe te fuit.
J'abandonne à jamais ce fortuné rivage,
Où tout, excepté toi, me rend fans cefle hom-
  mage.

Sans efpoir qu'en toi feul, fans fortune, fans rang,
Je t'immolerai tout ; il n'eft rien qui me coute.
Le défefpoir gémit, que le remord l'écoute.
Par mes feux, par tes pleurs laiffe-toi défarmer ;
Partage mon deftin qui me fit pour t'aimer ;
Après tant de mépris ofer te le redire,
N'eft-ce pas là l'effet de fon fatal empire.
Je ne puis te toucher ... tu fuis mes yeux, cruel ;
Je ne te preffe plus, & je cours à l'autel ;
Un cœur tel que le mien, je fçaurai te l'apprendre
Peut perdre fa vertu, mais il fçait fe la rendre.

LOTARIO.

Je vous l'ai dit, de vous dépend votre bonheur ;
Que puis-je vous offrir ....

CALISTE.

Un défert, & ton cœur.

LOTARIO.

Comment fuir, quels moyens ....

CALISTE.

Je t'en laiffe le maître.

LOTARIO.

O Ciel ! à quels périls ....

CALISTE.

Eft-ce à toi d'en connoître ?
Mon

Mon amour n'en voit pas, est-ce au tien de trem-
　　bler ?
　Que d'horreurs sur mon sort, je vois se ras-
　　sembler !
Ne m'as-tu pas juré .... tu balances encore ;
Parle, est - ce sans espoir que ma douleur t'im-
　　plore.

LOTARIO.

Vous pouvez différer ....

CALISTE.

　　　　Ah ! j'ouvre enfin les yeux ;
Cruel, je t'ai connu : pars, sors, fui de ces lieux,
Y restes-tu pour voir cette pompe effrayante
Qui t'enleve à jamais ta malheureuse amante ;
Vois ce spectacle affreux, il est digne de toi,
Altamont dans l'instant va recevoir ma foi.

SCENE VI.

LOTARIO ORSANO.

ORSANO.

C'EST braver trop long-tems le beau-pere
  & le gendre ;
Retirons-nous , Seigneur, on pourroit nous surprendre.

LOTARIO.

Eh quoi , Lotario , t'eſt-il donc inconnu !
Par des ménagemens je ſerois retenu.
A de timides cœurs laiſſons cette prudence :
Orſano , tout le mien reſpire la vengeance ,
Je les cherche , & je veux triomphant à mon
  tour
De Caliſte pour moi leur montrer tout l'amour.

ORSANO.

A vous flatter , Seigneur, je ne puis me contraindre ;
Vous êtes trop ingrat ; Caliſte trop à plaindre.

LOTARIO.

Elle l'eſt d'autant plus , que c'eſt à la vertu
Qu'elle crut rendre un cœur trop long-tems
  combattu.

De son amant alors unique bien suprême,
Je ne la trompois pas, je le croyois moi-même,
Les serments de l'himen furent faits par tous deux,
Il n'en dicta jamais à deux cœurs plus heureux.

De la legereté soit le fatal empire,
Soit le défaut du cœur ou des biens qu'il desire ;
Sitôt que du retour mon feu fut couronné.
De ce feu si chéri je fus abandonné.
Contre le sentiment le cœur ne peut combattre !
Du bonheur de l'aimer autrefois idolâtre,
Inconstant à regret, & toujours malgré moi,
Je ne puis ni donner, ni refuser ma foi.

ORSANO.

Par combien de détours votre raison s'égare !
Tant d'amour peut-il faire un amant si barbare ?

LOTARIO.

Ah, moins barbare encor que je ne suis jaloux !
Je meurs si je la vois au pouvoir d'un époux.
Orsano le croirai-je, Altamont pourroit l'être ?
Quand elle le voudroit son cœur est-il son maître ?
Non, non, elle me donne une vaine terreur ;
De l'amour furieux, ô sombre profondeur !
Ciel, Caliste à son tour pourroit être infidelle.

Il montre à Orsano une lettre de Caliste.

Vois de sa passion cette preuve nouvelle,

Lucile ce jour même à tes yeux m'a remis
Ce billet où son cœur à tout étoit soumis.

ORSANO *après avoir lu.*

Quel amour ! quel transport !

LOTARIO.

Quelle est donc son envie ?

Oui , je veux la revoir , il y va de ma vie ;
Je veux à ses genoux , quelqu'en soit le danger ,
De mes mépris cruels , moi-même me vanger.

ORSANO.

Horatio paroît , évitons sa présence.

LOTARIO.

Moi fuir !

ORSANO.

Ah ! votre état , connoît-il la prudence ?

Orsano l'emmene , & dans son trouble il laisse tom-
ber la lettre de Caliste.

SCENE VII.

HORATIO.

OU I , c'est Lotario cet objet odieux ,
Pour la seconde fois il paroît en ces lieux.
Je l'ai vu ce jour même entretenir Lucile ;
Contre son arrogance , il n'est donc plus d'azile.

Quels soupçons ! quoi Caliste à ce point s'oublier.
Il prend le billet qu'il apperçoit.
Ceci peut les détruire ou les justifier.
C'est à Lotario que ce billet s'adresse ,
Et Caliste l'écrit ; ô coupable foiblesse !
Il lit.
>> Ingrat Lotario , je veux vous voir encore ;
>> Venez ; l'instant est cher , & mon sort en dépend ;
>> Caliste osera tout pour n'être qu'à l'amant
>> Qui fit tous ses malheurs , & que son cœur adore.
Caliste osera tout ! je n'en puis donc douter ,
Vertus , perils , remords , rien ne peut l'arrêter.
Toi qui fais ton bonheur de l'ardeur qui te brûle ,
Amant trop vertueux , helas ! & trop crédule ,
Aux pieds des saints Autels dans ces mêmes mo‑
  ments
D'un amour immortel tu lui fais les sermens.
Dans ces charmes parfaits dont elle est l'assem‑
  blage ,
Tu crois du plus beau cœur reconnoître l'image,
Que ce cœur digne d'eux a plus de pureté
Qu'à tes yeux enchantés les siens n'ont de beauté.
Epoux infortuné , reviens de ton ivresse ,
Fuis de ses discours faux l'amorce enchanteresse ;
Son amour du devoir a secoué la loi ,
Un autre obtient son cœur , tu n'obtiens que sa foi.

Quel effet cependant produira cette lettre ?
Aux mains de Sciolto faudra-t-il la remettre ?
Sa févére vertu n'écoutant que l'honneur
Plongeroit à fa fille un poignard dans le cœur.
Mais elle ofera tout enfin . . . que dois-je faire ?
Ciel, que fur mon devoir ta lumiere m'éclaire.

SCENE VIII.

HORATIO, LAVINIE.

LAVINIE.

QUOI ! dans ce jour pour nous fi grand, fi
    glorieux,
Où l'heureux Altamont elevé jufqu'aux cieux
Par l'himen de Califte achevé dans le Temple
Devient l'unique objet que tout Genes contemple,
Vous vous étes, Seigneur, éloigné des Autels.

HORATIO *ne voyant point Lavinie:*

Non, à fes ennemis laiffons ces coups mortels ;
Mon zele, mon refpect & ma reconnoiffance
Dans la profonde nuit d'un éternel filence
Doivent cacher. . . .

LAVINIE.

Quel est l'état où je vous vois?
Des soupirs échapés alterent votre voix ;
Vers les Cieux en tremblant vous élevez la vûe.

HORATIO.

Dans le trouble & l'horreur mon ame est con-
fondue.

LAVINIE.

Vos regards à regret semblent tomber sur moi...
Ah, vous me pénétrez d'amertume & d'effroi !
Quel est donc ce secret ? Que mon amour l'ob-
tienne ;
Mon ame, cher Epoux, n'est-elle plus la tienne.

HORATIO.

Ah ! loin de révéler ce mistere d'horreur
Pour l'univers entier ainsi que pour mon cœur,
Puisse être sa mémoire à l'oubli consacrée.
Si je résiste aux pleurs d'une épouse adorée,
Elle sçait qu'à l'aimer consacrant tous mes vœux ;
Sans elle Horatio ne fut jamais heureux.
Soupçonner mon amour, c'est lui faire une of-
fense.
Ce sont des traits affreux que cache mon silence.

Si je parlois .... mais non, chere épouse, crois
          moi,
Ces secrets criminels ne font pas faits pour toi.

LAVINIE.

Il fuffit ; j'obéis, & ne veux point furprendre
Des chagrins qu'en mon fein vous craignez de ré-
          pandre ;
Accordez-moi du moins, Seigneur, à votre tour
De n'en point écouter la voix dans ce grand jour,
Califte d'Altamont fait le bonheur fuprême
Goutez-en la douceur dans un autre vous-même.

HORATIO.

Je fçais qu'il devoit l'être, & qu'il n'étoit pas né
Avec tant de vertus pour être infortuné.
O nature impuiffante ! helas, ou trop cruelle ;
Lavinie à tes yeux préfentoit un modéle
Ce fexe né perfide, & né pour être aimé,
Sur ce modele heureux que ne l'as-tu formé !

Fin du premier Acte.

ACTE II.

ACTE II.

SCENE PREMIERE.

CALISTE LUCILE.

CALISTE.

SOus le joug de l'himen je fuis donc affervie,
Cher amant, l'efpérance à jamais m'eft ravie.
Laiffe, laiffe, Lucile, éclater mes foupirs ;
Ne me parle jamais du feul nom des plaifirs,
Tous font finis pour moi. Retrace à ma mémoire
Des célébres malheurs l'épouvantable hiftoire ;
Pein-moi le défefpoir armé de fes fureurs,
La mifere expirante au milieu des horreurs,
Des credules beautés les plus fanglants outrages;
Ces lugubres couleurs, ces terribles images
Sont faites pour un cœur dévoré tour à tour
De haine, de douleur, de remords & d'amour.

C

Mon ame languiſſante , égarée, abbatue
S'enivre nuit & jour du poiſon qui la tue.
Mes plaiſirs , ſi c'en eſt , ſont tous dans mes dou-
      leurs ,
Et mes yeux à regret interrompent leurs pleurs.
En proie à mes chagrins , ſans en être diſtraite ;
Je voudrois vivre au fond d'une obſcure retraite,
Qu'à me fuir les mortels fuſſent tous condamnés ;
Ne rencontrer du moins que des infortunés ,
Ou quelqu'Amante en pleurs , morne, déſeſpérée;
Comme moi d'amertume & d'amour enivrée ,
Qui déteſtant le jour & maudiſſant ſon ſort,
Dans cet azile affreux n'invoquât que la mort.

L U C I L E.

Helas ! toujours en proie au déſeſpoir funeſte . . .

C A L I S T E.

Vertu des malheureux , c'eſt tout ce qui me reſte.
Quel que ſoit ſon pouvoir & ſon charme impoſteur,
L'amour peut égarer & non tromper le cœur :
De quel œil ſoutenir la ſageſſe farouche
De ces méchans dont l'art flétrit tout ce qu'il
      touche
Leurs traits envenimés prêts à tomber ſur moi ,
Me font déja frémir de fureur & d'effroi.

Orgueil humiliant ! plus le cœur les mérite,
Plus contre leur noirceur fa vanité s'irrite.
Quoi l'auteur de mes maux veut paroître en
ces lieux,
Lucile, il ofe encor fe montrer à mes yeux ?
LUCILE.
Expirer à vos pieds eft toute fon envie,
Pour vous revoir encore, il donneroit fa vie.
CALISTE.
Non, je ne verrai point, je n'y puis confentir;
Un ingrat qui ne fçait que féduire & trahir.
LUCILE.
Il ne veut qu'un inftant, fes remords le demandent;
Il dit que votre gloire & fes jours en dépendent,
Qu'il paroît devant vous pour la derniere fois.
CALISTE.
Qu'il vienne... des douleurs il a bravé la voix;
Il croit que des foupirs & d'impuiffantes larmes
De mon fexe outragé font les uniques armes.
Qu'il apprenne à fon tour qu'il n'eft point dans le
cœur
De fentiment plus fort que l'amour en fureur;
Qu'aux plus cruels excès peut aller une audace
Qui ne veut accorder, ni recevoir de grace,
Qui ne connoît ni frein, ni crainte, ni danger,
Qui n'a que cette loi, mourir, ou fe vanger.
C ij

L'ingrat, qu'espere-t-il ? je suis trop outragée ;
A la haine, aux remords par lui seul engagée . . .
Moi je le hairois . . . Lucile, garde-toi
D'en accuser un cœur échapé malgré moi ;
Tout perfide qu'il est, je m'apperçois encore
Jusques dans ma fureur que tout mon cœur l'adore ;
Vois-moi dans ma douleur en gémir à tes yeux.
Cet ingrat, ce cruel bien plus cher qu'odieux,
Contre qui je voudrois soulever la nature,
S'il venoit à mes pieds réparer son parjure,
Si soumis, pénétré, constant dans son retour
Il venoit demander sa grace à mon amour . . .
Mon amour . . . Qu'ai-je dit ! Quoi toujours dans
     l'abíme,
Jusques dans mes remords je retrouve mon crime !
Que sert donc à mon cœur vainement combatu,
Lorsque je la trahis, d'adorer la vertu !
Hélas ce foible cœur que l'orgueil croit son maî-
     tre,
Voilà sa liberté, tu peux la reconnoître.
   Mais . . . O ciel ! renaissez, transports de mon
     couroux,
Je parle d'un amant & je vois mon époux.
Aide-moi, s'il se peut, cachons à sa tendresse
Les crimes ignorez d'une indigne foiblesse.

SCENE II.

CALISTE, ALTAMONT, LUCILE.

ALTAMONT.

Puis-je le croire enfin ! du bonheur de mes
   jours
Rien ne sçauroit-il plus interrompre le cours ?
L'univers par ma voix qui vous rend son hom-
   mage
Dans ces jours fortunés connoîtra votre ouvrage.

CALISTE.

Plût au ciel qu'à mon gré dispensant le bonheur,
Je pusse en tous les cœurs répandre sa douceur.

ALTAMONT.

Ciel... vous versez des pleurs ! Par pitié pour
   ma flame
Ah ! cessez d'enfoncer le poignard dans mon ame,
D'un époux enchanté partagez le transport.

CALISTE.

Non, le cœur ne sçauroit se donner par effort.
Pardonnez, à vos yeux tout le mien doit paroître,
Coupable ou vertueux, vous allez le connoître.

Ces fêtes, ces concerts, cet éclat fomptueux
Des plaifirs captivés appareil faftueux,
De biens encor plus doux à vos yeux le préfage,
Aux miens d'un bonheur faux font une vaine image,
Qui tandis que le grand gémit au fond du cœur,
Font au groffier vulgaire adorer la grandeur ...

SCENE III.

SCIOLTO, HORATIO, CALISTE, LUCILE, ALTAMONT; SUITE.

SCIOLTO.

A Redoubler ma joie à l'envi tout confpire ;
Il femble que ces lieux du bonheur foient
l'empire :
Les âges réunis chantent dans ce féjour
Un Hymen qu'ont formé les vertus & l'amour.
Le peuple vous appelle & les Grands vous de-
mandent,
Dans tous les cœurs charmés les plaifirs vous at-
tendent.
De vos noms raffemblés mille tendres concerts
Font retentir par tout & la terre & les mers.

Suivez-moi , mes enfans , apprenez à connoître
Que faire des heureux , c'eſt commencer à l'être.
Veille ſur eux, ô ciel , que leur cœur toujours pur
Déteſte l'artifice & le menſonge obſcur.
Les vertus , mes enfans , portent leur récompenſe,
Et la félicité marche avec l'innocence.
   Qu'à tous nos citoyens l'on ouvre mon palais ;
Que ſans choix ſur chacun ſoient verſés mes bien-
      faits ;
Jour mille fois heureux , il me réconcilie
Avec les ennemis que m'attire l'envie.

SCENE IV.

HORATIO.

AH quand le ciel contre eux lui ſerviroit
    d'apui ,
Son cœur en méritoit de plus dignes de lui.
Croirai-je que l'amour ait pu toucher ſa fille
Pour le chef du parti qui pourſuit ſa famille ?
Et cette lettre enfin qui lui donne ſon cœur . . .
Non , de la fauſſeté c'eſt l'ouvrage impoſteur ,
D'un méchant furieux la baſſe calomnie
Qui ne veut d'Altamont qu'empoiſonner la vie.

Helas je veux envain me faire illusion,

Ces traits, sa propre main, ses yeux, sa passion,

Tout d'un perfide amour trahit l'intelligence,

Pour le cœur de Caliste il n'est plus d'innocence;

Que lui sert d'emprunter sa voix & ses dehors;

Le frein de la contrainte irrite ses transports.

Malheureuse industrie en crimes seuls fertile,

C'est le poison du cœur que sa bouche distile.

Son époux enchanté croyoit le sien sans fard,

Hélas, pour le tromper il ne faut pas tant d'art.

Poursuis, trahis ses feux, tu le peux sans allarmes,

Des crimes de ton cœur la grace est dans tes charmes.

SCENE V.

HORATIO, LOTARIO, ORSANO.

LOTARIO

Dans le fond du Theâtre.

ELle épouse Altamont, & dans le même jour
Ses larmes, ses fureurs m'offroient tout son
amour.

Quel motif a donc pu lui dicter cette lettre

Qu'en mes mains de sa part on est venu remettre ?

Quand je te l'ai fait voir, nous étions en ces
     lieux ;
Pour mes tranſports jaloux, titre trop précieux !
Et perdant de ſes feux cette preuve indiſcrette
Ce n'eſt que ma vangeance, ami, que je regrette,
Ce rival déteſté, ce trop heureux amant . . .
De ſon propre bonheur j'aurois fait ſon tourment.

HORATIO.

Ennemi d'Altamont, vous ſçavez que je l'aime,
En l'offenſant, Seigneur, on m'offenſe moi-
     même ;
Le ſçavez-vous ?

LOTARIO.

     Et vous, avez-vous pu juger
Que l'on me parle ainſi, Seigneur, ſans m'ou-
     trager ?
Que peut donc eſpérer cette arrogante audace ?
Eſt-ce Lotario que cet orgueil menace ?

HORATIO.

Ecoutez, la valeur s'explique ſans détour,
Et mépriſant l'éclat elle cherche le jour
Sincere en ſon amour ainſi que dans ſa haine,
Cacher ſes ſentimens, c'eſt pour elle une peine.

LOTARIO.

Seigneur, qui n'en a point, dont il puiſſe rougir,
On le trouve toujours prêt à les ſoutenir.

HORATIO.

Ainſi donc, qui pourroit corrompre un cœur facile...

LOTARIO.

Moi corrupteur !

HORATIO.

Oui vous.

LOTARIO.

De qui donc ?

HORATIO.

De Lucile,

Vous-même & dans ce jour ; ah vous deviez du
moins

D'un ſi bas artifice éviter les témoins,

Et reſpectant Caliſte ... Enfin par votre fuite

Ne pas faire l'aveu d'une infâme conduite.

LOTARIO.

L'ai-je bien entendu ! moi fuir & devant toi !

HORATIO.

Le crime eſt toujours lâche.

LOTARIO
Voulant mettre l'épée à la main.

Ah c'eſt trop.... connois-moi,

ORSANO *l'arrêtant.*

Chez Sciolto , Seigneur, au ſein de ſa famille ,

Quelle témérité ! D'ailleurs en cette ville

Dans quelqu'état qu'on foit, le plus jufte combat
Eft puni par nos loix comme un crime d'état.

LOTARIO.

Eh bien donc, puifqu'enfin tu contrains ma van-
geance
A tirer mes fecrets de la nuit du filence;
Oui Califte m'adore, & je t'en fais l'aveu;
Pour moi feul de l'amour elle a fenti le feu.
Pars, & que fans délai ton amitié raconte
A fon époux trahi mon bonheur & fa honte.

HORATIO.

Rendez grace au refpect que je dois à ces lieux;
Sans ce frein puniffant d'un difcours odieux
Tout votre fang verfé répareroit l'injure
Que fait à la vertu cette lâche impofture.
Par tout où la valeur feroit en liberté,
Vous ne la feriez pas avec impunité.
Que ne fuis-je en des lieux où je puiffe répondre...

LOTARIO.

Hors de ces murs demain ...

HORATIO.

Je fçaurai t'y confondre.

LOTARIO.

Sois fur que quand j'aurai fatisfait mon couroux
Califte me répond d'un triomphe plus doux.

SCENE VI.

HORATIO.

ET c'eſt-là de ſon cœur l'ingrat dépoſitaire ?
D'un tel excès d'amour voilà l'affreux ſa-
laire.

Où tendent donc ſes vœux , & quel eſt ſon eſpoir ?
Il la couvre d'opprobre , elle veut le revoir.
Son cœur ne peut ſortir de ſa profonde ivreſſe
Et ſe perd par ſon choix plus que par ſa tendreſſe,
Non , Caliſte, ou mes ſoins vont être ſuperflus ,
Ou vous me promettrez qu'il ne vous verra plus.
Il en eſt tems encor, tu peux ſauver ſa gloire,
Ciel , permets à ſon cœur cette heureuſe victoire.

Fin du ſecond Acte.

ACTE III.

SCENE PREMIERE.

CALISTE, SCIOLTO.

SCIOLTO.

Quor, ma fille, toujours livrée à vos dou=
      leurs,
Au milieu des plaifirs je vois couler vos pleurs !

CALISTE.

De mes deftins, Seigneur, vous êtes né le maître;
Sans confulter mes vœux vous avez voulu l'être;
Soumife à vos deffeins & refpectant vos droits,
Ma main eft à l'époux dont vous avez fait
      choix,
Altamont a fur moi toute votre puiffance ;
Mais je ne puis porter plus loin l'obéiffance.

SCIOLTO.

Vous femblez regreter . . . .

CALISTE.

Vous voyez fur mon front
Un trouble dont l'horreur m'accable & me con-
　　fond :

A le cacher envain j'ai voulu me contraindre ;
Ou trop grand , ou trop vrai mon cœur ne fçau-
　　roit feindre.

Faites juftice enfin ou grace à ce tranfport ;
Avec moins de terreur j'envifage la mort
Que cet himen forcé , que cette foi facrée
Que Califte fans vous n'auroit jamais jurée ;
Qui rend pour mon bonheur tous vos vœux fu-
　　perflus ,
Et fait couler des pleurs qui ne tariront plus.

S C I O L T O.

'Aveu trop criminel ! qu'en peux-tu donc attendre?
Si tu connois ton pere , eft-ce à lui de l'entendre ?
Ma fille , ah ! garde toi de profaner ta voix
A me le repeter une feconde fois.
J'en attefte mon fang , la vertu de ta mere ,
L'amour que m'infpiroit une fille fi chere ,
Tout mon cœur attendri doit te le laiffer voir.....
Si ta foibleffe ofoit oublier fon devoir.....
Ciel ! ne le permets pas ..... ma tendreffe qui
　　tremble
Pour ton pere & pour toi , craint tous les maux
　　enfemble ;

Non, tu n'en aurois plus, & cette même main....
Fais plutôt à tous deux un plus heureux destin.
Au nom de tes ayeux, au nom de la nature,
Ma fille, entens ma voix, ton pere t'en conjure
Et ne me montre plus le fatal avenir,
D'un pere inexorable armé pour te punir.

SCENE II.

CALISTE.

VOILA donc notre sort, esclaves que nous
    sommes
De l'orgueil, de la haine, ou de l'amour des
    hommes !
On commande sans cesse à notre volonté,
Et jamais pour mon sexe il n'est de liberté.
Du penchant, des vertus la résistance est vaine :
Au joug de l'himenée un pere nous enchaîne ;
Nous passons de ses loix sous celles d'un époux
Qui croit en souverain devoir regner sur nous ;
De tirans en tirans, dans les fers, dans les larmes,
Ainsi nous consumons & notre être & nos charmes ;
L'on ose rechercher jusques à nos desirs
Et l'on nous interdit le secours des soupirs.

Ah ! s'il faut que dans tout, l'homme à regner af-
    pire,

Qu'il nous faffe du moins adorer fon empire.

Tous les cœurs voleront fous celui du bonheur.

Si mon pere déja m'annonce fa rigueur

Que feroit-il, ô Ciel ! s'il lifoit dans mon ame

Un crime encor plus grand que celui de ma flame.

Contre mon pays même armant ma paffion,

J'ai pu de mon amant fervir la faction.

Ah ! j'aurois de mes feux, déplorable victime,

A l'univers entier fait partager mon crime.

Ainfi donc de l'amour l'attrait impérieux

Rend à fon gré le cœur coupable ou vertueux.

SCENE III.

S C E N E I I I.

CALISTE, HORATIO.

H O R A T I O,   *à part.*

CIEL ! contre son amour ma voix vient la
  défendre,
Fais que sans murmurer elle puisse m'entendre !
  Eh ! quoi toujours en pleurs, qui les fait donc
  couler ?
Ce n'est pas à vos yeux, Caliste, d'en verser ;
Des cœurs infortunés c'est le triste partage.
Ici tout vous cherit, & tout vous rend hommage ;
Quel chagrin en secret peut troubler vos beaux
  jours ?

C A L I S T E.

Quoi, c'est vous qui venez épier mes discours :
Vous, surprendre un secret ! Seigneur, ai-je dû
  croire
Qu'un homme tel que vous eût brigué cette gloire?

H O R A T I O.

C'est le plus tendre ami qui paroît devant vous.

C A L I S T E.

Je sçais que l'amitié vous lie à mon époux.
D

H O R A T I O.

Vous n'avez déformais qu'une ame l'un & l'autre,

Mon zéle ne peut-il afpirer à la votre ?

C A L I S T E.

Arrêtez, notre main eft foumife à vos loix ;

Mais notre cœur eft libre & dépend de fon choix;

Ainfi d'un pole à l'autre au fein de l'efclavage

Le captif gémiffant fous un climat fauvage

Vers fa patrie encor peut adreffer des vœux

Que ne fçauroit contraindre un deftin rigoureux:

H O R A T I O.

Cet infortuné même eft encor moins à plaindre

Qu'un cœur dans fes defirs qui ne peut fe contraindre ;

Qui lui-même fe perd & court à fon malheur

Lorfque le Ciel plus doux l'appelloit au bonheur.

C A L I S T E.

Elle n'aboutit donc, cette amitié fi tendre,

Qu'à me montrer les maux que mon cœur doit
attendre.

Eh, ne fçais-je donc pas fans ce trifte fecours

Que leur unique terme eft celui de mes jours !

H O R A T I O.

Moi, je vous offrirois cette cruelle image,

Madame ! Eh pourquoi donc vous faire un tel outrage ?

La nature a versé sur vous tous ses bienfaits

Dans le sein des vertus, dans le sein de la paix,

Que n'en jouissez-vous ? S'abandonner au crime

C'est la perdre à jamais, c'est être la victime....

CALISTE.

Quel est donc l'imposteur qui peut me soupçonner ?

HORATIO.

Pardonnez un conseil que j'ai dû vous donner.

La vérité sçait tout : des voiles les plus sombres

Ses regards pénétrants sçavent percer les ombres,

Elle ose sur le trône interroger les Rois,

Tout tremble devant eux, ils tremblent à sa voix.

CALISTE.

De ces discours obscurs que dois-je donc attendre?

Cessez de me parler, ou faites-vous entendre.

De quoi m'accusez-vous? Que peut-on m'imputer?

Que la vérité parle, & je vais l'écouter.

HORATIO

*Appercevant Lotario qui venoit à Caliste, & qui
témoigne en s'éloignant la douleur qu'il a de la trouver avec lui.*

Ciel ! c'est Lotario ; je l'ai vu, c'est lui-même.

CALISTE

N'ayant point vu Lotario.

D'où vient, en le nommant, cette surprise extrême ?

HORATIO.

Lotario, Caliste ; il eſt vrai je fremis ,
Madame , & c'eſt de voir ces deux noms réunis.
On dit , & ſans gémir , je ne puis le redire
Que d'un amour fatal reconnoiſſant l'empire ;
Une jeune beauté par de coupables feux
Va faire le malheur d'un époux vertueux.
Je ne puis . . .

CALISTE.

Achevez.

HORATIO.

O trop funeſte flame !

CALISTE.

Quelle eſt l'infortunée ?

HORATIO.

On vous nomme Madame.

CALISTE.

C'eſt donc là que tendoient tous ces ſombres détours ?
C'eſt ſur moi , c'eſt à moi qu'on tient de tels diſcours ?

HORATIO.

Je n'ai pas ignoré tout ce que j'ai dû craindre ;
Mais il ne s'agit plus , Madame, de vous plaindre.

Au bord du précipice on a conduit vos pas ;
Vous touchez à l'écueil que vous ne voyez pas.

CALISTE.

Heros de la patrie & soutien de nos armes ,
Cessez de vous livrer à ces viles allarmes.
Près d'Altamont , Seigneur , loin de noircir mon
        nom ,
C'est à vous de son cœur d'écarter le soupçon.
Cruel , voulez-vous donc à sa fureur jalouse
Immoler sans pitié les jours de son épouse ?
Qui pourra me vanger de ces indignes coups ?
L'ai-je bien entendu ?

HORATIO.

                Que fert ce vain courroux !
C'est la vertu qui parle , il faut la reconnoître,
Vous le pouvez encor , votre cœur est son maitre;
Osez faire sur vous un courageux effort ;
Voici le jour fatal , l'instant de votre sort ;
Lotario vous perd , & s'en fait une gloire :
Tout vous observe ici . . . . . Madame , osez me
        croire ,
Qu'il soit de votre cœur effacé pour jamais :
Vous-même voulez-vous, détestant vos attraits,
Aux malheurs de l'amour consacrer votre vie,
Dans l'ennui , les remords , & dans l'ignominie...

CALISTE.

O mon sexe ! ô mon nom ! arrête, malheureux,
Ecarte loin de moi ces présages affreux.

HORATIO

Arrêtant Caliste qui veut sortir.

C'est ici, dans ce lieu qu'il faut, quoi qu'il en coute,
A la face du Ciel qui nous voit, nous écoute,
Que vous me promettiez par la foi du serment
De ne jamais revoir votre coupable amant,
Ou bien . . . .

CALISTE.

Que tardes-tu ? parle, agis sans contrainte,
Je suis d'un sexe, helas ! qu'on offense sans crainte.
Tu crois avoir percé les secrets de mon cœur ;
Tu connoîtras du moins jusqu'où va sa fureur ;
Pars, sors, fuis de ces lieux, redoute ma présence ;
Que ne puis-je à l'instant signaler ma vangeance !

SCENE IV.

ALTAMONT, HORATIO.

ALTAMONT.

Quoi toujours de chagrins son ame est dé-
    vorée ;
Horatio se tait ; Caliste est égarée !
A peine elle me voit qu'elle fuit de ces lieux;
La fureur, les transports éclatoient dans ses yeux;

HORATIO.

Ecoute, je crains d'être ou lâche ou témeraire ;
Mon esprit incertain a besoin qu'on l'éclaire.
De la tendre amitié ton cœur connoît les loix,
Son devoir, ses abus, ses bornes & ses droits ;
Dis-moi jusqu'à quel point l'honneur doit les
    étendre.

ALTAMONT.

Eh, n'est-ce pas de toi que je le dois apprendre !
Ami dans les succès, ami dans les revers,
Genes te vit long-tems donner à l'univers
De l'amitié parfaite un mémorable exemple ;
Ta bouche est son organe, & ton cœur est son
    Temple.

Mon pere en vos malheurs que vous futes heureux
De trouver le fecours d'un ami généreux !

HORATIO.

Qu'il eft d'affreux inftants dans la plus belle vie !
Conduis-moi. Si l'amour égaroit Lavinie,
Si d'un profane feu tu fçavois que l'ardeur
Fletriffe fes vertus en confumant fon cœur,
Si fur fa trahifon tu n'avois aucun doute . . . ;

ALTAMONT.

Ma fœur !

HORATIO.

Ta fœur ; réponds, je fens ce qu'il t'en coute :
M'en inftruire, feroit-ce un crime , une vertu ?
Au nom de l'amitié , parle, que ferois-tu ?

ALTAMONT.

L'innocence en fes yeux n'eft-elle pas écrite ?
Ainfi que fur fon front dans fon ame elle habite.

HORATIO.

Si n'en ayant enfin qu'un dehors impofteur
Dans l'erreur & le crime elle engageoit fon cœur,
Si fon époux féduit comptant fur fa tendreffe,
Au fein des trahifons l'idolatroit fans ceffe ;
Dans cette occafion quel feroit ton devoir ?
Je vois couler tes pleurs . . . . Ah ! que ne peux tu voir

dans

Dans le fonds de mon cœur, combien j'y suis
    fenfible ?

Mais il faut m'éclaircir, & je fuis inflexible.

Parle, de l'amitié l'inéxorable loi,

Dis-moi, que penfes-tu qu'elle exigeât de toi.

ALTAMONT.

Cruelle extrémité !

HORATIO.

Parle, je t'en conjure.

ALTAMONT.

Ma bouche à l'amitié ne feroit point parjure.

Et conftamment fidéle à fes loix, à l'honneur,

Ma voix en gémiffant t'apprendroit ton erreur ;

Oui je partagerois ton malheur & ta honte,

Si pour un fol amour, qu'un peu d'effort furmonte

Au bord du précipice on te fermoit les yeux,

Dût mon zéle à tous trois être pernicieux,

Duffai-je de tes coups expirer la victime,

D'un infidéle cœur je t'apprendrois le crime.

HORATIO.

Tu viens de l'ordonner, ma tendreffe obéit.

Malheureux !

ALTAMONT.

Tu fremis !

HORATIO.

Califte te trahit.

E

ALTAMONT.

Et tu ne pourſuis pas ? acheve téméraire ;
Que ſur tous mes malheurs ta cruauté m'éclaire ;
Eſt-ce elle qui t'arrête & qui ſuſpend tes coups ;
Livre donc mon rival à mes tranſports jaloux.
Quel eſt . . .

HORATIO.

Lotario.

ALTAMONT.

Fuis . . . Evite ma vûe ;
Ou te méconnoiſſant ma fureur éperdue . .

HORATIO.

C'eſt l'amitié qui parle, & tu ne la crois pas !

ALTAMONT.

Fuis, dis-je, ou dans ton ſein je porte le trepas.

SCENE V.

LAVINIE, HORATIO, ALTAMONT.

LAVINIE

L'arrêtant lorſqu'il veut prendre ſon épée.

MON frere ! mon époux ! Ciel ! quel ſpectacle horrible !
Frappez, s'il faut du ſang à ce couroux terrible ;

A couler pour tous deux le mien est préparé ;
Le votre est à l'état , il doit être sacré.

ALTAMONT.

O criminelle audace ! ô trop sensible injure !
Puis-je connoître encor le cri de la nature ?

HORATIO *à Lavinie.*

Tu vois d'un furieux la rage & le transport.

LAVINIE *à Altamont.*

Vos regards menaçants vont me donner la mort.

ALTAMONT.

Vous êtes son épouse , & je suis votre frere ;
Ces noms peuvent encor retenir ma colere ,
Mais que dans ce palais il ne paroisse plus
Ou ces titres si saints pour moi n'en seront plus.
Ma sœur , quand vous sçaurez de quel trait il me
       blesse . . . .
Adieu , vous connoîtrez l'effort de ma tendresse.
On accuse Califte , on ose l'outrager . . .

à Horatio.

De tout autre que toi j'aurois sçû la vanger.
Ah ! puisse à te punir ma gloire intéressée
Oublier un cruel qui l'a trop offensée.

E ij

SCENE VI.

LAVINIE, HORATIO.

HORATIO.

TU le vois contre nous son cœur est affermi;
Non, tu n'as plus de frere, & je n'ai plus d'ami.
Viens . . . .

LAVINIE.

A t'accompagner je consacre ma vie,
Partout avec ton cœur je trouve ma patrie.

HORATIO.

Eh bien ! suis-moi, fuions; ôtons à des ingrats
L'exemple des vertus qu'ils ne méritent pas.

Fin du troisieme Acte.

ACTE IV.

SCENE PREMIERE.
LOTARIO, ORSANO.

ORSANO.

Qu'à vous perdre, Seigneur, mon amitié
s'empreffe !

LOTARIO.

Ami, fers ma fureur, & tu fers ma tendreffe.

ORSANO.

Vous n'avez de l'amour que fon aveuglement
Conduit par le tranfport & par l'emportement.

LOTARIO.

Non Califte à mes vœux n'eft pas encor ravie.
Tant qu'un refte de fang animera ma vie, ...
Je fuis fûr de fon cœur ; ami que tardons-nous,
Enlevons-la des bras & des fers d'un époux ...

ORSANO.

Envain donc à vos yeux éclate la lumiere.
Le peuple, le Senat, la nation entiere,

Tous font dans ce palais , & par votre attentat
Vous allez contre vous foulever tout l'état.
Attaquant fans fageffe on fuccombe fans gloire.
Je ne vous fuivrai point ; non , ceffez de le croire,
Je pourrai voir perir & l'amante & l'amant ,
Mais de leur mort du moins je veux être innocent.

LOTARIO.

La terreur de mes fens a fufpendu l'ufage...
Ah ! ceffe de m'offrir cet horrible préfage ;
Mais dût-il s'accomplir, ami , lis dans mon cœur
Vois l'amour, fes tranfports & toute fa fureur.

ORSANO.

Il faut vous les cacher bien plutôt à vous même.

LOTARIO.

Sçais-tu ce qu'eft un cœur privé de ce qu'il aime...
Sçais-tu , pour fatisfaire , ou vanger mon amour
Que je compte pour rien d'abandonner le jour ;
Que Califte jamais ne fût plus adorée ,
Qu'à mon rival plutôt que de la voir livrée,
A ces terribles traits connois l'amour enfin ,
J'oferois lui plonger un poignard dans le fein,
Et pour voir à fon cœur mon ame réunie
Me punir, la vanger & m'arracher la vie.
Ah ! plutôt à mes feux faifons un autre fort ;
Un vaiffeau préparé nous attend dans le port.

Caliste à son secours elle même m'appelle,

Altamont l'aime trop pour la croire infidéle,

Tout paroît conspirer à ses heureux desirs,

Et la foudre se forme au sein de ses plaisirs :

Leur charme, leur tumulte, & la nuit & la fête;

Tout me sert, à mon cœur tout livre sa conquête.

L'heure approche où l'amour qui conduira ses pas

Doit mettre ses attraits & son fort dans mes bras.

Qu'à mes vœux seulement ton amitié réponde

Et tu feras l'amant le plus heureux du monde.

ORSANO.

Quoi, vous ne voyez pas !...

LOTARIO.

Non, je ne veux rien voir ;

L'enlever ou périr, voilà tout mon espoir.

N'entens-tu pas ... ami mon destin se décide.

Ciel que j'implore, ô ciel ! c'est elle: sois son guide.

ORSANO.

Puis-je en croire mes yeux ? C'est elle que je vois.

Combien d'infortunés l'amour perd à la fois !

LOTARIO.

Aux portes du palais mes amis nous attendent....

ORSANO.

Puissent tes vœux avoir le succés qu'ils demandent;

Ta fatale amitié m'en impose la loi,

Je les joins, je l'enleve, ou je meurs avec toi.

SCENE II.

CALISTE, LOTARIO.

CALISTE *au fond du Théâtre.*

QU'ENTENS-je ! quelle voix me charme &
    m'épouvante ?
Ciel ! daigne raſſurer ma fermeté tremblante.
Tout mon corps chancelant à peine ſe ſoutient :
Quel ſuprême pouvoir m'appelle & me retient.
O ma juſte fureur, ranimez ma foibleſſe.

LOTARIO.

Juſques au fond du cœur votre douleur me bleſſe.
Belle Caliſte, enfin j'ai connu mon devoir,
Vivre ou mourir pour vous eſt mon unique eſpoir.
Le prix de votre cœur & le prix de vos larmes
Me touchent encor plus que celui de vos charmes.
Si vos fers ſont affreux, mon bras peut les briſer;
Ordonnez, de mon ſang vous pouvez diſpoſer.

CALISTE.

Dans quel nouvel abîme as-tu cru me conduire ?
Eſt-il encor des cœurs que tu puiſſes ſéduire !
Sur mes yeux éclairés il n'eſt plus de bandeau,
L'affreuſe vérité m'a fait voir ſon flambeau.

Ils font passés, mes yeux les pleureront sans cesse,
Ces jours trop chers encore à ma fatale ivresse
Où par de vains remords mon devoir combatu ,
Faisoit de t'écouter sa gloire & sa vertu.
Cet attrait invincible , helas ! & trop funeste,
Ce déplorable amour que tout mon cœur déteste,
J'en ai vû , mais trop tard , & le crime & l'erreur;
Je me suis reconnue , & me suis fait horreur.
Aux pleurs, aux repentirs par mes feux condamnée,
Je confacre aux douleurs ma vie infortunée ;
Ta haine me perdit par la voix de l'amour.

LOTARIO.

Qu'avez-vous dit, ô Ciel ! & qu'entens-je à mon
    tour ?
De regner fur mes vœux fi vous fûtes charmée ,
Quelle amante jamais , pût être plus aimée ,
Quelle amante infpira , fentit plus de tranfports.

CALISTE.

Mon cœur s'en fouviendra toujours par fes re-
    mords.
Ne me parle jamais des crimes de ma flame,
Leur fouvenir lui feul fait horreur à mon ame ,
Et je ne vois en toi qu'un traître, un féducteur ;
Qu'un cruel affaffin qui me perça le cœur.

Je t'ai peint, à ces traits tu peux te reconnoître.
L O T A R I O.

Moi perfide, & c'eft vous qui m'accufez de l'être !
Ah, Madame ! entre nous s'il eft des trahifons,
Les votres font des faits, les miennes des foupçons.

De nos fermens communs cette foi fi facrée,
Cette foi fi long-tems, fi tendrement jurée,
Qui devoit à nos cœurs faire un deftin fi doux,
Qui l'a trahie ? ô Ciel ! vous avez un époux ;
C'eft vous que le parjure & le crime environne ;
Et quel eft le rival pour qui l'on m'abandonne ?
Non, je n'y penfe point fans perdre la raifon,
Mon ennemi mortel, l'horreur de ma maifon.
C A L I S T E.

Ah, cruel ! eft-ce à toi de m'imputer un crime,
Que tu m'ordonnas feul, dont je fuis la victime ?
As-tu donc oublié tes fuperbes mépris ?
Cet Hymen odieux n'en eft-il pas le prix ?
Et quand je te punis de ta rigueur extrême,
Qu'ai-je donc fait, ingrat, que m'immoler moi-
        même ?
L O T A R I O.

O ciel ! que tant d'amour rend mon cœur cri-
        minel.
Mais parle, mon malheur doit-il être éternel ?

Tu te donnois à moi, c'eſt moi qui t'ai perduë,
Quand je me donne à toi, veux-tu m'étre renduë ?
Libres, de l'amour ſeul ſuivant les mouvemens,
Nos cœurs furent unis par tes premiers ſermens.
A la face du ciel, que la contrainte outrage,
Caliſte, crois ton cœur, leur foi ſeule t'engage.
Veux-tu finir le cours d'un deſtin rigoureux ?
Suis ton unique époux ſous un ciel plus heureux.
Tu frémis : ſonge au ſort où tu te vois réduite,
Briſe tes fers, partons, tout eſt prêt pour ta fuite;
L'amour fit tes malheurs, il vient les réparer.

CALISTE.

Non, tu n'as jamais ſçu que l'art de m'égarer.
Va, tu m'as trop long-tems perſuadé le crime,
Mais je puis malgré toi mériter ton eſtime :
Je te mépriſe trop, ingrat, pour te hair,
Mais je ſçais t'écouter, te braver & te fuir.

LOTARIO.

Unique eſpoir d'un cœur que ton couroux déſole,
Songe que c'eſt le tien que ce couroux immole,
Qu'à tous deux ton état ne promet que la mort;
Viens, pars, ſuis ton époux, oſe faire ton ſort.

CALISTE.

Barbare, ſi ma flâme eut ſçû fixer la tienne,
Nulle félicité n'eut égalé la mienne;

Prête à t'accompagner dans l'horreur des deferts,
J'aurois pu dans toi feul retrouver l'univers.

Vain efpoir que fuivit l'horreur qui me dévore,
Ton charme fur mon cœur peut-il agir encore ?
Parle, fans l'obtenir de moi qu'attendis-tu ?
Je te facrifiai jufques à ma vertu ;

Altamont paroît.

Je n'attachois qu'à toi mes jours, ma deftinée,
Et par toi feul aux pleurs, aux remords condam-
  née ;
Adoré, fouverain des tranfports les plus doux,
Tu m'as réduite à prendre Altamont pour époux.

SCENE III.

ALTAMONT, CALISTE, LOTARIO.

ALTAMONT
En mettant l'épée à la main.

Regarde, le voici.

CALISTE.

Ciel !

ALTAMONT.

La vertu l'attefte ;
Comment peut l'invoquer le crime qu'il détefte ?

Tu viens de l'ordonner, vois s'accomplir mon

   sort,

Vois ton époux donner ou recevoir la mort.

LOTARIO.

Quoi tu nous observois! tu fus toujours un traitre;

C'est le grand art du lâche, & sa vertu peut être.

Les armes à la main tu seras moins heureux ;

Je cherchois ce combat, il comble tous mes

   vœux.

Contre Caliste envain ta colere s'irrite

Que le ciel entre nous juge qui la mérite !

   Il met l'épée à la main.

CALISTE.

Inhumains, arrétés, quelle fureur ! O Dieux !

Tournés vos coups sur moi …

ALTAMONT.

     Va, sors, fui de ces lieux ;

L'air que nous respirons, cet air qui t'environne ;

Rend-lui la pureté, ton souffle l'empoisonne.

   à Lotario.

Téméraire suis moi.

LOTARIO.

    Ce fer va décider

Lequel l'est de nous deux, & qui doit la céder.

SCENE IV.

CALISTE

En voyant le combat qui se donne dans la Coulisse.

Ciel... à l'égarement leur ame abandon-
née....
A-t-il reçu la mort ... O ciel l'a-t-il donnée...
Mon amant... mon époux... lequel dois-je pleurer?

SCENE V.

CALISTE, ALTAMONT, LOTARIO,

Soutenu par des Domestiques.

ALTAMONT.

JE suis vangé ; tes yeux vont le voir expirer ;
L'objet de ses regrets , cet objet qu'il adore ,
Tout couvert de son sang il veut le voir encore;
Sa mort est ton ouvrage.

LOTARIO.

O vangeance ! ô douleurs !
Quel froid glace mon fang ! tu triomphes , je
meurs.
Quand mon heureux rival à fon couroux m'im-
mole,
Une douceur au moins en mourant me confole;
Califte à fon deftin on t'unit malgré toi ...
Il connoît ... tout l'amour dont tu brûlas pour
moi ...
Son défefpoir commence , & je ceffe de vivre.

Il expire , laiffe tomber fon Epée , & on l'emmene

CALISTE

voulant prendre fon Epée.

Le jour me fait horreur ; que ce fer m'en délivre;
Que baigné de mes pleurs , & fumant de fon fang;
Il porte le trépas dans mon coupable flanc.

ALTAMONT *l'arrêtant.*

Que fais-tu malheureufe , & que prétend ta rage;

CALISTE.

Mourir ... c'eft mon devoir , & j'en ai le courage;
Toi qui veux m'arrêter , n'es-tu pas mon époux ,
Qui , moi , j'implorerois ta grace à mes genoux !

Va , crois-moi , ce n'eſt pas à moi que l'on par-
  donne ;
Je ſçais ſur mon deſtin ce qu'il faut que j'ordonne.
On veut envain tromper un cœur tel que le mien,
Et pour qui veut mourir , il eſt plus d'un moyen.

SCENE VI.

SCIOLTO, CALISTE, ALTAMONT.

SCIOLTO.

OUI c'eſt toi , c'eſt mon fils.

ALTAMONT.

      Qu'entens - je ! c'eſt lui-même ;
Sciolto.

CALISTE.

     C'en eſt fait , mon malheur eſt extrême.
La foudre tonne , ô ciel ! & va tomber ſur moi.
O coups trop lents ! ô mort , je m'abandonne à
  toi.

SCIOLTO.

D'où vient , à mon aſpect que votre effroi redouble ?
Qu'avez-vous , mes enfans , qui cauſe votre trouble ?

                       L'une

L'une craint mes regards; l'autre... Ciel tu fré-
mis;
Seroit-ce Horatio, que pleureroit mon fils.
Ah connois ton erreur; je venois te l'apprendre;
Tu n'eus jamais d'ami si fidele & si tendre.
Est-ce Lotario...

ALTAMONT.

Le malheureux, hélas,
Cette épée en son sein a porté le trépas.
Ah ne me pressez pas de révéler le reste.
Infidele Caliste! ô penchant trop funeste.

SCIOLTO.

Je vois le crime, eh bien mon bras le punira.
à Caliste.
Perfide à mon honneur, ton sang en répondra.

ALTAMONT.

Qu'ai-je fait? ô nature! ô pere trop barbare
Dans quels transports cruels votre vertu s'égare!
Laissez aux cœurs qu'un monstre à porté dans son
flanc
L'inhumaine vertu de répandre leur sang.

CALISTE.

Quand je vois le trépas suspendu sur ma tête,
Trop généreux époux c'est ta main qui l'arrête.
Anime, aide plûtôt ces vertueux transports,
Ta pitié dans mon cœur produit trop de remords.

F

Laiſſe ſe conſommer un juſte ſacrifice
En ſentant ſon horreur, je ſens mieux ſa juſtice.
Je demande la mort, frappez, donnez-la moi,
Frappez, je la mérite & l'attens ſans effroi.
Sauvez-moi par pitié de la douleur profonde
D'étre votre ſupplice & l'opprobre du monde.
Victime devouée aux malheurs de l'amour,
Plut au ciel que jamais je n'euſſe vu le jour.
Mon pere, mes fureurs s'emporteroient peut-être
Juſqu'à vous reprocher de m'avoir donné l'être.
Les hommes, leurs erreurs, & la terre & les
   cieux,
Pour moi juſqu'aux remords tout devient odieux.
Seigneur, en m'immolant ſoyez mon pere encore;
C'eſt l'unique pitié que ma tendreſſe implore.
Frappez, délivrez-moi du ſpectacle cruel
Qu'à mes yeux effrayés offre un cœur criminel.

S C I O L T O.

De tendreſſe & d'horreur objet terrible & triſte
Ote toi de mes yeux malheureuſe Caliſte.
Fuis dans quelqu'antre affreux aux humains in-
   connu
Où le flambeau du jour jamais n'ait été vu;
Où dans le ſein du trouble & l'horreur des téné-
   bres,
Parmi les pleurs, les cris & les plaintes funébres,

La honte en gémissant ait fixé son séjour,
Triste divinité des crimes de l'amour.
Dans ces lieux ignorés mourante ensevelie,
Va, fuis, pleure, gémis le reste de ta vie.

CALISTE.

Dans mon tombeau vivante, oui je m'enfermerai,
Dans les pleurs nuit & jour je me consumerai.
Mes douleurs y seront ma seule nourriture,
Ces attraits, don cruel que me fit la nature,
Ces funestes attraits, source de mes malheurs
Périront effacés par les remords vangeurs.
Heureuse uniquement, quand la mort que j'ap-
          pelle,
Terminera le cours de ma douleur mortelle.
Alors si le ciel s'ouvre encore à mes desirs,
Avançant le moment de mes derniers soupirs,
Peut-être direz-vous, sa peine est trop affreuse,
Je t'accorde la mort ; expire malheureuse.

SCENE VII.

SCIOLTO, ALTAMONT.

ALTAMONT.

VOus me voyez frappé des plus terribles
coups ,
Et je ne frémis plus que de votre couroux.
Que l'amour paternel vous parle & vous fléchisse,
Seigneur , de ses transports son cœur n'est point
complice.

SCIOLTO.

Plût au ciel ! Non , son sang à mon honneur est du,
J'ai droit de le verser , il sera répandu.

ALTAMONT.

Quel droit ! un vil mortel avec vous le partage ;
Vos propres jours , Seigneur , dépendent de sa
rage.
Sauver les malheureux par de plus douces loix,
D'une fille égarée être pere deux fois ,
Voilà le droit du ciel , le votre & votre gloire.

SCIOLTO.

Conseils faits pour mon cœur , que ne puis - je
vous croire.

O nature ! ô vertus , comment vous accorder ?
Qui condamner , ô ciel ! & pour qui décider ?
J'ai tout perdu , mon fils la douceur de ma vie,
Sans espoir de retour vient de m'être ravie.
Ma fille promettoit tous les biens à mon cœur ;
Trop crédule , j'osois en goûter la douceur.
Ces enfans que déja mon amour voyoit naître
A mes sens ranimés rendoient un nouvel être.
A ces enfans chéris attachant mon destin
Tranquille au milieu d'eux j'eusse attendu ma fin.
D'un trop sensible cœur déplorable tendresse !
O frivoles projets de l'humaine sagesse !
Caliste seule étoit tout l'espoir de mes jours ;
Caliste pour jamais empoisonne leur cours.

SCENE VIII.

SCIOLTO, ALTAMONT, LAVINIE.

LAVINIE.

ON combat, on périt ; Seigneur, tout est en
armes ;
Venez en vous montrant dissiper les allarmes.

Orſano furieux de ce trouble eſt l'auteur ;
Juſqu'au ſein du palais il répand la terreur.
La vangeance eſt le Dieu qu'implore ſa furie ;
Il ſçait que ſon ami vient de perdre la vie . . . .

S C I O L T O.

Oui je dois te louer, ô ciel de leur fureur,
Ils viennent avec moi partager mon malheur ;
Si c'eſt Lotario que reclame leur rage
Ces murs vont regorger de ſang & de carnage
On ne peut du tombeau le tirer qu'à ce prix.

Pour défendre ces lieux, toi demeure, mon fils ;
Appelle nos amis, que ta voix les raſſemble,
Nous vaincrons, ou s'il faut nous perirons en-
ſemble. *

---

* Tout ce qui termine cet Acte a été ſuppri-
mé aux Repréſentations, parce qu'on a jugé que
cet intérêt ſubalterne faiſoit languir l'intérêt principal. Cependant comme on a paru généralement
regreter ces Scenes qui ſont dans l'Anglois ; on
les rétablit à l'Impreſſion.

SCENE IX.

ALTAMONT, LAVINIE.

LAVINIE.

SANS voix, sans sentiment , immobile , interdit ,
Helas le défespoir égare son esprit.

ALTAMONT.

Enfin de toutes parts l'abîme m'environne ;
Par des degrés cruels mon ame m'abandonne.
Prens pitié de mes maux , ô secourable mort ?
Je t'invoque & t'attens , viens terminer mon sort.
Tout est éteint en moi ; vuide affreux & terrible ,
Et pour Califte aussi mon ame est insensible.

LAVINIE.

Horatio combat , venez le secourir ,
Mon frere , sans pitié le laissez-vous périr ?

ALTAMONT.

De remords éternels sujet trop légitime !
Quelle voix par ce nom me rappelle mon crime ?
Sentir en frémissant jusqu'où va son horreur
C'est le supplice , helas , & le droit de mon cœur.

SCENE X.

HORATIO, ALTAMONT, LAVINIE.

HORATIO

L'épée à la main parlant à ses amis qui sont au fond du Theâtre.

LEs mutins sont domptés, amis notre courage
Par leur fuite ou leur sang a dissipé leur rage.
Si le trouble renaît, à de nouveaux combats
Si le grand Sciolto veut conduire mes pas,
A son ordre, à sa voix, je suis prêt à me rendre
Tout est calme, il suffit.

ALTAMONT.

Ciel ! que viens-je d'entendre.

LAVINIE à *Horatio.*

La clémence du ciel nous a rendu la paix,
Osons en l imitant mériter ses bienfaits.

ALTAMONT.

Cher ami, je t'ai fait une mortelle offense,
Mes malheurs, mes remords en ont tiré vangeance.

LAVINIE

LAVINIE *à Horatio.*

Quoi pourras-tu . . .

HORATIO.

Je plains l'infortune du sage ;
Je vois en gémissant succomber le courage ;
Tout mon cœur à leur sort voudroit les arracher.
Mais l'ingrat malheureux ne sçauroit me toucher.

ALTAMONT.

Les fureurs de l'amour m'inspiroient leur ivresse,
Jette sur moi les yeux & rends-moi ta tendresse.
Ou bien si ma douleur ne la peut obtenir
Prépare dans l'instant ton bras à me punir.

HORATIO.

Que dis-tu ? ciel !

ALTAMONT.

Qu'il faut contenter ton envie
Me pardonner, m'aimer, ou m'arracher la vie ;
Choisis, voilà mon cœur.

HORATIO *en l'embrassant.*

Tout le mien éperdu
Vole au devant toi, ton ami t'est rendu.
Je céde avec transport au remords qui te presse
L'amitié de l'amant excuse la foiblesse.
Un fol enchantement t'inspira ta fureur,
Le crime est à l'amour, le remord à ton cœur.

G

ALTAMONT.

Déja la mort s'offroit à mon ame ftupide ;
Tu viens me ranimer, conduis-moi , fois mon
　　　guide.
Ah tu ne connois pas l'excès de mes malheurs !
Sciolto veut du fang quand nous verfons des
　　　pleurs.
Que fait Califte , ami je la perds & l'adore
Viens , fuis-moi , fauvons là s'il eft tems encore.

Fin du quatrieme Acte.

ACTE V.

SCENE PREMIERE.

Le fond du Théâtre est tendu de noir. Le tombeau de Lotario est dans un des côtés.

CALISTE.

Elle paroît éplorée, ses cheveux épars ; appuyée d'une main sur la décoration, & léve l'autre au Ciel.

QUELS apprêts ! quel séjour ! quelle pompe d'horreur !
Suspendez, Dieux cruels, ou calmez ma terreur.

Elle s'avance en regardant le fond du Théâtre.

Où suis-je ! du trepas ai-je vû la demeure !
Sans cesse, ô juste Ciel ! faudra-t-il que j'y meure !
Quoi, ce séjour affreux où la mort semble errer,
C'est mon pere pour moi qui l'a fait préparer !

Au triste jour jetté par des lampes funébres
Je regrette la nuit & l'horreur des ténébres ;

Je découvre en tremblant, je vois de toutes parts
Des murs fumants de sang, des ossements épars.
Un objet à mes yeux mille fois plus terrible,
Mon ame m'abandonne à ce spectacle horrible ;
L'auteur infortuné de mon funeste sort,
Lotario couvert des ombres de la mort.

Je le cherche en lui-même, & présent à ma vue,
Il ne l'est plus, helas, qu'à mon ame éperdue.
Ces yeux plus éclatants que le jour qui nous luit
Sont fermés pour jamais par l'éternelle nuit :
Ces charmes à t'aimer qui m'avoient sçu con-
    traindre,
Ces traits où l'amour même avoit voulu se pein-
    dre
Comme un beau jour qui fuit, helas, ils sont
    passés,
Cher amant, le trepas les a tous effacés.

    Des ombres de la nuit vous que la peur enfante,
Phantomes, spectres vains, dont l'aspect épou-
    vante,
Je brave vos horreurs, venez, paroissez tous :
Mon amant au cercueil est plus affreux que vous.
D'un déplorable amour objet plus déplorable,
Helas ! & de ta mort je suis seule coupable,
Et ce fer qu'un époux a plongé dans ton sein
Mes attraits malheureux en ont armé la main.

C'est pour moi, c'est par moi, que tu perdis la
  vie...

C'est pour moi que tu meurs ... ô destin que j'envie !

J'en atteste le Ciel, je te l'ai dit cent fois,

De ce tombeau terrible entens encor ma voix....

Quoi, j'offense le Ciel, & c'est lui que j'atteste !

Je n'attens que la mort, un seul instant me reste,

Et je le donne encore à l'amour criminel !

 O de nos foibles cœurs souverain éternel,

De tous nos sentimens ô le juge & le maître,

Toi devant qui bientôt Caliste va paroître,

De mon feu, de moi-même, ô Dieu separe-moi,

Mon cœur est dans tes mains, rends-le digne de toi.

 Elle tombe sur un fauteuil abîmée dans sa douleur.

SCENE II.

CALISTE, SCIOLTO, *Suite* DE SCIOLTO.

SCIOLTO *dans le fond du Théâtre.*

LE sang coule partout, on combat, & le trouble
Dans l'horreur de la nuit malgré nos soins re-
double.
Le senat fait entendre une impuissante voix,
Il faut des châtiments, on ne fait que des loix.
Je vois Caliste, ô Ciel ! ô crime détestable !
Que ne puis-je te fuir lumiere abominable !
Tandis que par l'amour son nom se flétrissoit,
Patrie infortunée, elle te trahissoit.
J'ai vû l'affreux tissu de sa trame cruelle,
J'ai reconnu les traits de sa main criminelle !
O ma fille ! est-ce à toi d'inspirer ces fureurs,
Malheureux ! est-ce à moi d'en vanger les hor-
reurs.
Heros infortunés qu'en tremblant je contemple,
Des peres tels que moi le Ciel vous fit l'exemple,
Infléxible Brutus, cruel Virginius

Je dois donc imiter vos farouches vertus.

à sa suite.

Sortez.

CALISTE.

C'est Sciolto ; prépare-toi mon ame
A recevoir le prix qu'il réserve à ta flame.
Foible, helas ! trop long-tems, montrons à notre
    tour
Un cœur digne du sang qui nous donna le jour.
Mourons.

SCIOLTO.

Tu fus, ma fille.

CALISTE.

       Ah, laissez-moi ce titre !
De mon sort, de mes jours n'étes-vous pas l'ar-
    bitre ?

SCIOLTO.

Vois d'un peuple en fureur la rage & les forfaits ;
Malheureuse, voilà tous les maux que tu fais.
De la rebellion confidente & complice
Le senat fait ton crime, & j'en ferai justice.
Tu trahis ton époux, ton pere, ton pais ...
O patrie ! ô vertus ! ô mon nom ! ... je fremis.
Toi que de tout mon sang j'aurois pû rendre heu-
    reuse,
Que je pris tant de soins à rendre vertueuse,

Tu connoiſſois ton pere , & ſon auſterité ;
Comment l'as-tu réduit à cette extremité !

CALISTE.

Le charme de l'amour, ſes fureurs, ſon ivreſſe ;
Tout ſéduiſit mon cœur, tout trompa ma foibleſſe;
Moi-même contre moi vainement je m'armai,
Lotario m'aima , vengez-vous , je l'aimai.

SCIOLTO.

Si ton cœur eût vaincu cette fatale flame
Quel pere plus heureux,.... je ſens fremir mon
        ame ...
Falloit-il à l'amour immoler la vertu ,
Lorſque le cœur la perd n'a-t-il pas tout perdu ?
Méditer ſur la mort, c'eſt le devoir du ſage ,
En as-tu fait le tien ?

CALISTE.

            Oui ; j'ai fait davantage :
Soumiſe à mon deſtin j'ai pu la deſirer ,
Et j'en vais recevoir le coup ſans murmurer.

SCIOLTO.

Repons-moi ; trop ſouvent la fermeté ſtoïque
N'a que dans les diſcours un courage héroïque.
Braver la mort de loin , fuir lorſqu'elle nous ſuit
De ſes vaines leçons voilà l'unique fruit.

Rappelle ta vertu, toi-même fois ton guide,
Ne cherche qu'en toi feule un courage intrepide.
Ton cœur à ton deftin fe fent-il préparé ?
Peux-tu l'envifager ?

CALISTE.

Tout eft confidéré.

SCIOLTO *tire un poignard.*

Sais-tu mourir enfin ?

CALISTE.

C'eft toute mon envie.

SCIOLTO.

Es-tu prête ?

CALISTE.

Frappez, je détefte la vie.
La mort ne doit point faire horreur aux malheureux.

SCIOLTO.

Tu demandes la mort, tu le dois...

CALISTE.

Je le peux
Mon ame vous attend.

SCIOLTO.

Je frémis, je m'égare

CALISTE.

Que de mon foible corps ce poignard la fépare.

SCIOLTO.

Tu le veux ; il le faut … je remplis ton deftin…
Helas, la force manque à ma tremblante main ! .

CALISTE

Arrachant le poignard à fon pere.

Mon pere, c'eft vous feul qu'en mourant je regrete.

SCIOLTO *la retenant.*

Donne encore un inftant à ma tendreffe, arrête;
Non ce terrible coup n'eft pas fait pour mes yeux.
Sois digne de ton fang, & reçois mes adieux.

SCENE III.

CALISTE.

C'Est trop peu des remords, il faut une
victime,
Oui, mon fang coulera pour expier mon crime.
La mort eft le feul bien qui peut me fecourir
Et pour qui voit le jour, c'eft un droit de mourir,
De chagrins, de remords, & de forfaits fuivie,
Ce privilege feul fait fupporter la vie.
C'eft trop … mais j'apperçois un autre malheureux
Qui vient preffer encor ce facrifice affreux.

S C E N E   I V.

CALISTE, ALTAMONT.

ALTAMONT.

Dans ces lieux défolés la mort habite-t-elle?
A mes fens confternés chaque objet la rappelle.
Dans ce lugubre état, vous le faites bien voir,
L'éclat de la beauté fuffit pour fon pouvoir.
Quel cœur affez féroce en voyant tant de char-
        mes
Pourroit à vos douleurs ne pas mêler fes larmes.

CALISTE.

J'ai profané le cœur qui n'étoit dû qu'à toi;
D'autres crimes . . . mais vois la mort autour de
        moi,
Elle va te vanger : du moins à fes aproches
Epargne à tous les deux de trop cruels reproches.

ALTAMONT.

Injufte pour moi feul, vous l'êtes donc toujours?
Non, je ne viens ici que pour fauver vos jours.
Quel crime à tant d'attraits peut-être ineffaçable;
Califte, je vous vois, vous n'êtes plus coupable.

CALISTE;

Votre cœur à mes vœux peut-il se refuser ?
Le crime de l'amour, l'amour peut l'effacer.
Caliste, un seul remord peut fléchir le Ciel même;
Je l'imite, & deviens le dieu de ce que j'aime;
Par un soupçon cruel si je fus outragé,
J'ai vû couler vos pleurs, je me crois trop vangé.

CALISTE.

Dans qui doit me haïr cet excès de tendresse
Arrache à mes remords l'aveu de ma foiblesse.
D'un invincible attrait esclave malgré moi
Je suivis de l'amour la tirannique loi.
Il enchanta mon cœur pour s'en rendre le maître,
Le cruel par ses maux m'apprit à le connoître.
Mais lorsqu'il triomphoit de mes sens éperdus,
Ce même cœur rendoit justice à tes vertus.
Tout me charmoit en toi, ma rigueur inhumaine
Déguisoit son amour sous les traits de la haine.
Je le dis en mourant pour la premiere fois ;
J'aimai par ascendant, je t'eusse aimé par choix.

ALTAMONT.

Vous mourir ! ah quittez un espoir si funeste ;
Eh qu'ai-je donc perdu si votre amour me reste !
Laissez-le dans nos cœurs rallumer son flambeau.

CALISTE.

Gloire, bonheur, pour moi tout est dans le tombeau.

ALTAMONT.

Quand vous m'aimez , ô ciel ! & quand je vous
    adore ,
Le défefpoir peut-il vous aveugler encore ?
Vivez , n'écoutez plus un barbare tranfport ,
Attenter à vos jours , c'eft ordonner ma mort.

CALISTE.

Non , cher époux , vivez : accordez à mes larmes,
C'eft mon dernier defirr, cet efpoir plein de char-
    mes.
Qu'une autre époufe enfin faffe votre bonheur ;
Laiffez-moi chez les morts porter cette douceur.
Qu'elle évite fur-tout & pour l'un & pour l'autre
L'art trompeur de fon fexe & les piéges du votre...
Je vois Horatio ; fes yeux verfent des pleurs ;
Faut-il me préparer à de nouveaux malheurs.

SCENE DERNIERE.
CALISTE, ALTAMONT,
HORATIO, SUITE.

HORATIO
A fa fuite qu'il congédie.

LAISSEZ-nous. O triomphe ! O fatale victoire
O déteftable prix d'une cruelle gloire !
Dieu jufte ! c'eft donc là le dernier de tes coups.

CALISTE.

Mon pere... pourquoi donc n'eft-il point avec
    vous ?

HORATIO.

Il fortoit du Palais pour appaifer le trouble ;
Il s'avance , & d'abord le tumulte redouble,
Mais il fe fait bien-tôt refpecter des mutins.
J'ai vu le fer tomber de leurs tremblantes mains;
Les traitres fur fes pas ont ouvert un paffage.
O ftratagême affreux du crime & de la rage !
Tout-à-coup par leur foule il eft enveloppé ,
Et par deux affaffins mes yeux l'ont vu frappé ;
Dans le fein d'un j'ai plongé mon épée ,
La fuite enleve l'autre à ma fureur trompée.
Orfano vient à moi , m'appelle , me pourfuit ;
Je le joins , je l'attaque & le lâche s'enfuit.
Les rebelles fans chef ont été fans audace ,
Défarmés , fuppliants, ils ont demandé grace ;
Et le Sénat en pleurs ordonnant leur trépas
Vange envain un héros qu'il ne nous rendra pas.
Hélas , en immolant cette grande victime ,
La juftice du ciel eft pour nous un abîme.

CALISTE.

O fille parricide ! ô crime ! ô ciel vengeur ,
Mefures-tu fur lui les remords de mon cœur ?
O mon unique efpoir dans cet état horrible ,
O d'un pere adoré , préfent , cher & terrible ,
Pere , patrie , époux trop long-tems outragez ,

Elle fe poignarde.

Ce fer me refte encore , & vous êtes vengez.

ALTAMONT
Prenant le poignard.

Eh bien, que ce poignard.... quelle main me l'arrache ?
Cruel !

HORATIO
Après lui avoir ôté le poignard.
Le défefpoir eft la vertu du lâche.

CALISTE.

C'eft donc là que conduit la fureur de l'amour !
Lorfque j'ai perdu tout il m'enleve le jour.
Regarde, cher époux, ofe me voir encore,
Et donne à la pitié la grace qu'elle implore.
Quel bonheur fe préfente à mes vœux fuperflus..
Ah j'ai connu trop tard ton cœur & tes vertus...
La mort... termine enfin mes maux & ma carriere.
Mon époux quand le ciel me ravit fa lumiere
Verfe encore en mon cœur un plaifir imprévû...
C'eft le dernier objet que mes yeux auront vû.

Elle meurt.

ALTAMONT
Qu'on emmenne avec elle.
Elle expire ... je meurs ...

HORATIO.
Source de tous nos vices
Fatales paffions voilà vos précipices.
Sentons en évitant leur charme dangereux,
Que la feule vertu peut faire des heureux.

Fin de la Tragédie.

APPROBATION.

J'Ai lû par l'ordre de Monseigneur le Chancelier, un Manuscrit qui a pour titre, *Caliste*, *Tragédie*. Fait à Paris ce 14 Mai 1750.

JOLLY.

PRIVILEGE DU ROI.

LOUIS, par la grace de Dieu, Roi de France & de Navarre : A nos amés & féaux Conseillers les Gens tenans nos Cours de Parlement, Maître des Requêtes ordinaires de notre Hôtel, Grand-Conseil, Prevôt de Paris, Baillifs, Sénéchaux, leurs Lieutenans civils & autres nos Justiciers qu'il appartiendra, SALUT. Notre bien amé ANDRE' CAILLEAU, Libraire à Paris, ancien Adjoint de sa Communauté, Nous a fait exposer qu'il desiroit faire imprimer & donner au Public des Ouvrages qui ont pour titre : *Histoire du Théâtre Italien*, *Nouveau Calendrier Historique des Théâtres*, *Le Retour de la Paix*, *Comédie*, *L'Année Merveilleuse*, *Comédie*, *Les Petits-Maîtres*, *Comédie*, *Le Miroir*, *Comédie*, *Le Bacha de Smirne*, *Comédie*, *La Mort de Bucephale*, *Comédie*, *Les Métamorphoses*, *Comédie*, *La Cabale*, *Comédie*, *La Colonie*, *Comédie*, *Merope*, *Tragédie de M. Clément*, *Vànda*, *Tragédie*, *Benjamin*, *Tragédie*, *Electre*, *Tragédie*, *Caliste*, *Tragédie*, *Les Souhaits pour le Roi*, *Comédie*, *Le Provincial à Paris*, *Comédie*, s'il Nous plaisoit lui accorder nos Lettres de Permission pource nécessaires ; A ces CAUSES, voulant favorablement traiter l'Exposant,

poſant, Nous lui avons permis & permettons par ces Préſentes de faire imprimer leſdits Ouvrages en un ou pluſieurs Volumes, & autant de fois que bon lui ſemblera, & de les vendre, faire vendre & débiter par tout notre Royaume pendant le tems de trois années conſécutives, à compter du jour de la date des Préſentes. Faiſons défenſes à tous Imprimeurs, Libraires & autres perſonnes de quelque qualité & conditions qu'elles ſoient, d'en introduire d'impreſſion étrangere dans aucun lieu de notre obéiſſance, à la charge que ces Préſentes ſeront enregiſtrées tout au long ſur le Regiſtre de la Communauté des Imprimeurs & Libraires de Paris, dans trois mois de la date d'icelles ; que l'impreſſion deſdits Ouvrages ſera faite dans notre Royaume & non ailleurs, en bon papier & beaux caracteres, conformément à la feuille imprimée, attachée pour modele ſous le contre-ſcel des Préſentes, que l'Impétrant ſe conformera en tout aux Réglemens de la Librairie, & notament à celui du 10 Avril 1725. & qu'avant de les expoſer en vente, les Manuſcrits ou Imprimés qui auront ſervi de copie à l'impreſſion deſdits Ouvrages ſeront remis dans le même état où l'approbation y aura été donnée, ès mains de notre très-cher & féal Chevalier le Sieur DAGUESSEAU, Chancelier de France, Commandeur de nos Ordres, & qu'il en ſera enſuite remis deux exemplaires de chacun dans notre Bibliotheque publique, un dans celle de notre Château du Louvre, & un dans celle de notredit très-cher & féal Chevalier le Sieur DAGUESSEAU, Chancelier de France ; le tout à peine de nullité deſdites Préſentes, du contenu deſquelles vous mandons & enjoignons de

faire jouir ledit Expofant & fes [...]
pleinement & paifiblement, fans [...]
leur foit fait aucun trouble ou empêch[...]
Voulons qu'à la copie des Préfentes, qui fera [...]
primée tout au long au commencement o[u]
à la fin defdits Ouvages, foi foit ajoutée comme à l'original. Commandons au premier notre Huiffier ou Sergent fur ce requis, de faire pour
l'exécution d'icelle, tous Actes requis & nécef-
faires, fans demander autre permiffion, & no-
nobftant clameur de Haro, Charte Normande,
& Lettres à ce contraires; C A R tel eft notre
plaifir. Donne' à Paris le troifiéme jour du
mois de Juin; l'an de grace mil fept cent cin-
quante, & de notre Regne le trente-cinquiéme.
Par le Roi en fon Confeil. Signé, SAINSON.

*Regiftré fur le Regiftre XII. de la Chambre Royale
& Syndicale des Libraires & Imprimeurs de Paris,
N°. 422. Fol. 302. conformément aux Réglemens
& notamment à l'Arrêt du Confeil du 10. Juillet
1745. A Paris le 5 Juin 1750.*

LE GRAS, Syndic.